JN409951

바람피리

바람피리

임영남 시집

그림과책

시집을 내며

어둠이 검은 장막을 비출 때 어설픈 내 모습 감출 수 있었는데 환하게 비추는 조명에, 행여 초라한 내 모습이 보여질까 걱정됩니다. 숨을 한번 크게 내 쉬고 시적 영감에 취해 거미처럼 허공에 줄을 그으며 이슬 한 방울에 매달려 나만의 정교한 시에 걸맞은 이슬 속에 숨겨둔 언어들을 첫 시집 출간에 감히 내밀어 봅니다.

늘 내게 힘이 되어 주는 좋은 남편, 잘 생긴 아들, 어여쁜 딸, 듬직한 사위, 엔도르핀 큰 손녀, 재롱둥이 작은 손녀.
고마운 마음 가득 실어 보내고 열과 성의를 다해 도와 주신 발행인님께 감사의 마음을 전합니다.

파란 하늘 위에 뜬구름을 보며 씀

임 영 남

차 례

1부

황금 종이학 12
조마조마하다 13
질경이의 생명력 14
눈물 먹은 느릅나무 16
곁가지 18
수박씨 19
누가 잡초라 말하리 20
그대는 21
천년초 22
꽃잎차를 마시며 23
욕심 속에 꽃일 뿐 24
봄꽃 25
꽃비향 아래에서 26
마음 꽃 27

2부

오십견 속에 나팔꽃이 피다 30
잔상 31
뭉실 복코 32
새끼손가락 33
등굽은 백로 한 마리 34
붉은 열정 35
멈춰 버린 명절 36
철부지 황혼 37
세월 비 38
갈대 하나 39
은빛 갈대 40
나뭇가지 42
가을풍경 43
풍요로운 이 가을에 44
구멍 난 단풍 45

3부

작은 마음 48
보석 할미 49
해바라기 50
시집 탄생을 위하여 51
본능에 충실하다 58
보다 못한 인생 59
반려견 아지 60

4부

시간의 빗장 64
궁금하다 65
잡초의 변 66
나눔 나비 67
—때문일까? 68
마주한 채로 69
정든 14통장을 마치며 70
살짝쿵 71
염원샘 72
생각의 차이였을 뿐 73
빗방울 소리에 74
제초 75
벌침 76
착각 77
그대로 78
말 한마디 79
환지본처 80
그렇게 82
닉업 속에서 앨범을 펼치다 83

5부

벌침 세운 벌 86
파리 지옥 87
독화살 88
느림의 여유 89
출렁이는 파도에게 묻노니 90
불룬 단풍 91
민낯 92
하얀 숨 93
새치머리 94

해설 96

1

노오란 개나리를
입에 한 움큼 물고
노란빛으로 희망을 노래한다

황금 종이학

머리에서 발끝까지 울리는
서초만의 문화 자부심,
2016 서리풀 페스티벌!
가슴을 타고 내리는
서초인의 문화 사랑 숨결이
알알이 맺혀진다

그리고

빨간 티셔츠의 입맞춤들이
부풀어 오르는 감격의 포만감 속에
따사로운 손을 내밀며
화려한 서초 강산 퍼레이드를 붉게 물들일 때,
신나는 서초, 변화하는 서초에 걸맞은
만인 대합창의 울림에
푸른 태양의 황금 종이학이 힘찬 날갯짓을 한다

조마조마하다

빨간 신호등이
땀을 뻘뻘 흘리며
몸을 사르르 떤다

삶에 절은 절름발이 아저씨
폐지 줍는 리어카아저씨
오토바이 배달 소년

아직 오지 말라 손을 휘저었는데
빨간 신호가 파란 신호로
그늘이 길게 드리웠나

휘날리는 바람에
마른 마음, 다친 마음
파란 하늘이 삼켜 버렸나

밝아 올 수 있는 파란 삶이
산산이 부서져 흩어질까
점점 콩알만 해지는 간,

조마조마하다

질경이의 생명력

심한 황색 빛 가뭄과 불 같은 뙤약볕에도
죽지 않는, 질경이
이 약초가 자라는 곳에도
잘 짜인 스펙 융단 위에
금수저 자수를 짜 놓아야
취업 천국이 가까워진단다

점점 쪼그라들고 허기져 가는
인생의 졸업장, 그 젊은 졸업장
빈약한 가슴에 품고 독기 가득한 다리로
이곳저곳 기웃거리는 21세기, 고독의 식물
비록 영양체를 많이 가지고 있어도
취업의 문은 좁고 비좁은 세상이구나

아들내미 힘없는 모습이
내동댕이쳐진 나약한 몸 같은데
그 식물처럼 내동댕이치고 밟혀도
어머니가 사 주신
멋진 새 양복을 입고, 다시
거리를 나서는 수많은 아들들

밟혀도 꿋꿋이 털고 일어나는 오뚝이
졸업은 끝이 아니고 또 다른 시작이니
이겨 내라는 듯이 움틀거리며 속삭인다
푸른 질경이는
메마른 흉년에도 절대 죽지 않는다며

*질경이 : 질경이는 아주 흔해서 어디서든 볼 수 있는 풀 혹은 약초

눈물 먹은 느릅나무

신록이 우거져 가는 5월
그늘이 주는 고마움보다
그늘로 인해 해가 된다며
뒤틀린 욕망에 눈이 먼,
인삼밭 농장주

고양이도 잠든 야밤에 놓은 그늘 제거 주사가
혈관을 이리저리 휘젓자
타는 듯한 고통 속에 두꺼운 심장벽이 터져
메마른 파편을 날리는,
큰 느릅나무 한 그루

시원한 그늘막 아래에서
농부가 아이들을 키우며 흘리는 벅찬 땀도
더위에 목마름을 날려 주는 상쾌한 새들의 지저귐도
추억 속에 보내야 하는,
절절한 현실 앞에

서러운 눈물을 먹은 느릅나무
덧없는 삶이 덧없는 인생이 되지 않으려는지
자신의 분신인 새끼 느릅나무를

추억 속의 근처로 뽑히지 않을,
강인한 뿌리를 내린다

곁가지

스산한 바람이
나무 주위를 맴돈다

뚝
꺾어 버리는 바람손
두 손을 모으고
그저
얌전히 꺾여 나가기만

스스로 가지를 자르지 않는
나무들의
잃어버린 외로움

곁바람이 뺨을 스쳐 간다

수박씨

끓어 오르는 햇살과
불살 같은 눈총
한 줄기에 실어
쉴새 없이 커가는
저 푸른 줄무늬 수박 속에는,
뻗어 나는 넝쿨들을 가르며
녹녹하지 않은 세상

참을 인을 꾹꾹 눌러
빨간 가슴속에
검은 씨를 박았나 보다

누가 잡초라 말하리

성난 바람에 흩어진 머리가
땅속을 헤집는다

이곳저곳 널려 있는 잡초 중에서
유독 돈이 될 만한 잡초가
커다란 바구니에 가득하다

자식들 교육비를 벌기 위해
까만 손톱 밑에
부지런한 땀이 쉴새 없이 배어 난다

바구니에 가득찬 어린 잡초
어머니의 땀 서린 이마에
웃음을 가득 편다

오뚝이처럼 고개를 드는
빈난한 살림에 보탬이 된
잡초 아니 유용초임에

그대는

비바람
재해 속에도
맑은 그대 눈은
다시
파란 하늘 지붕을 덮고

누구나
꿈꾸는
행복을 지닌
밝은 그대 마음으로
미래 세상을 지어 주는

당신은
고달프지만
참된
이 시대를 밝혀주는
건설기술자라네

*존경하는 건설기술자인 남편께 바치는 시

천년초

날카로운 가시에
십여 일 물속에 잠겨도
작열하는 햇볕에
물 한 모금 적시지 못해도
차디찬 겨울 냉한에
온몸이 발가벗기어도
묵묵히
제자리에서
인고의 세월을 이겨내는
그대 이름은
천년초

*천년초 : 선인장과 식물로 천 가지 약 효능이 있다고 전해짐

꽃잎차를 마시며

늘 삐죽 내민 토라진 꽃잎들,
늘 동그랗게 안으로만 꽃잎들이 보여요

별수없이 겪는 수만 가지 세상사라지만
서로 다른 감정으로 상처받는 꽃잎들

혼자보다 이런 여러 꽃잎들을 모아
어우러져 가는 마음의 꽃잎은 없나요

구름 속 신선들의 머리도 맑게 하는
삶이 솔솔 휘날리는 이 세상으로

잘난 것도 모난 것도 없는
어울림 향기 차를 피워 보아요

지금부터라도요

욕심 속에 꽃일 뿐

부드러운 꽃잎새를 조용히
눈물바다 위로 띄워 보내 주고
보드라운 꽃줄기로 여린
내 어깨를 감싸 안는 당신

향긋한 꽃모자에 조심스럽게
화난 머리카락을 넣어 주고
은은한 꽃가위로 말없이
가슴에 조인 끈을 풀어 주는 당신

꽃이불 속에서 사랑 노래로
고단했던 하루를 품어주는
단지,
욕심 속의 꽃일 뿐인
그런 당신이 그립습니다

오늘따라 유난히

봄꽃

담장 아래 하이얀 목련이
어둠 속에 내친 이에게
환한 등불을 내비치고
길가에 개나리도 이에 질세라
지친 이에게 노오란 개나리를
입에 한 움큼 물고
노란빛으로 희망을 노래한다

봄꽃은 늘 그렇게 시작한다

꽃비향 아래에서

사방 사방한 꽃잎들이 흩날리는 오후
꽃나무 목에 매달린 빛바랜 자전거

자전거 페달이 몸을 움찍거리며
자유롭게 달리고 싶으니 올가미를 풀어 달란다

묵묵한 꽃나무 발그스름해지며 버럭 소리친다

나는 낡은 너를 붙든 것이 아니야
네가 나를 붙들어서 지금
너의 무게에 짓눌려
꽃잎조차 떨구는 거라고

꼼짝없이 붙잡힌 몸인지
붙잡혀서 꼼짝 못 하는 건지

흩날리는 꽃비향에 묻힌 다툼을
뒤로한 채 가만히
조용히 눈을 감는다

마음 꽃

꽃길을 걷더라도
마음에 따라
천국도 지옥도 된다고

꽃마차를 타고 가더라도
마음의 짐에 따라
무겁게도 가깝게도 느껴진다고

돌담길에 핀 작은 꽃도
마음의 향기에 따라
가까이, 멀리 퍼져 간다는데

마음을 다스릴 수 있는
참 마음을
누구 아는 이 없소?

2

그대곁에는
차가운 머리도
저무는 슬픈 가슴도 껴안아 줄 수 있는
함께할 든든한 뿌리가 늘 곁에 있으니까요

오십견 속에 나팔꽃이 피다

아픔을 토해 내는
어깨를 부여잡고
병원 가던 길가에 핀
보랏빛 나팔꽃,
어깨에 붙인 파스를 옷 속에 감추시고는
아침밥을 지으시며 애써
활짝 핀 미소를 보이시고
저녁이 되면
심해진 어깨 통증에
오그라들던 어머니,
당신의 아픔이
인고 속 나팔꽃 되어
오늘도
피고 지나 봅니다

잔상

어머니에 대한 그리움이
생전에 다니시던 절로 나를 이끈다

천국의 햇살이 비추기 전날
굳이
절에 데려다 달라시며
안타까운 목탁 소리 곁에서
얼음장처럼 차가워진 손으로
자식들 무탈과 복을 연신 비시던 어머니

가슴속의 그리움이
향불 속 나비가 되어
사라질 때가 되었다고 생각했는데
아직도
인자한 미소의 부처님 뒤에서
내 머리에 자애로운 손을 얹으시는 어머니

이제는 보내 드려야지
그리움도 슬픔도 내려놓고

뭉실 복코

손에 잡힐 듯
뭉실뭉실한 가을 하늘속 구름

낮은 뭉실 내 코에
복이 많이 붙어 있다며
거울 속에서 본 내 코는 미운 코이건만
사랑의 윙크를 하시면서
어릴 적 아버지는 내 코를 종종 만지셨다

중환자실에서 생을 마감하실 때
앙상한 손으로
내 코를 잡으시던 아버지

복이 많기를 바라시던 당신
하늘 속 뭉실뭉실 떠다니시며
내 코를 만지시는지
뭉실구름 한자락, 사랑의 손을 내밀어
내 코 주위를 어루만진다

새끼손가락

뭉툭한 손끝,
짧은 몰골 내미는
꾸부정한 막내 손가락

맹꽁이가 더위에
울음이 잦아지던 날,

뭉글고 꼬부라진 막내에게
그간 살갑지 못한 속내음을
예쁘게 봉숭아물로 달래려
정성을 다해 그려낸다

미운 모습에
핑계만 둘러대고 홀대해도
묵묵히
제자리를 지킨 막내

작은 변신에
쏟아준 관심만으로도
고맙다며
환한 붉은 미소를 띤다

등 굽은 백로 한 마리

평생 밭일만 하다가 다치신
짧은 검지 손으로 담배 한 개비를 무시며
나음 세상에는 훨훨 나는 새가 되고 싶다시며
굳어진 굽은 등 때문에 '끄윽 끄윽' 소리를 내셨던
시어머님

저수지가 뽕나무 위에서
아기 백로들이 노는 걸 지켜보다가
어슴푸레 어둠이 날개 곁에 다다르자
혼자 자유로운 비상보다 새끼들을 부르며
'거억 거억' 소리를 내는
등 굽은 어미 백로

'거억 거억'
'끄윽 끄윽'

지는 해가 멀어지고 뜬
옅은 초승달 아래
거억 거억, 끄윽 끄윽
우는소리
구슬프게 들린다

붉은 열정

붉고 진한 열정을 지닌 내 시심에
단풍도 놀라 더욱 붉어지고
석양 속 구름까지도 점점 붉어 간다

멈춰 버린 명절

명절이 되면

자식들이 보고픈 부모는
이른 아침부터
언제 올거냐고 묻고
식탁 위 푸짐히 차려 놓았으니
빈몸으로 오란다
늦게 갈 핑곗거리를 대면
기다리면서도
조심해서 천천히 오라던
낯익은 소리가
명절 아침이 되니 들리는 듯하여
추석 인사를 드리려
한복을 곱게 차려입고
길을 나서는데

허공을 맴도는 소리
회한의 시계추 되어 버린다

철부지 황혼

멈추지 못했던 열정과 사랑
기억 저편에 두고

애지중지 자식들 키워 놓고 난
빈 저녁 식탁 앞에서

서로 잘났다
서로 이해 못한다
서로 대접을 안 한다
서로를 탓한다

적막이 깃든 노을 끝자락

어둠 너머 쇠잔한 두 개의 별이
마지막 반짝이를 연신 찍어 댄다

세월 비

하얀 빗방울
창문을 두드린다

할아버지
–누구 할아버지
할아비
하삐를 부정하니
거세지는 하얀 빗방울

할머니
–누구 할머니
할미를 받아들이니
부드러워지는 하얀 빗방울

희미한 창 너머로
거칠고 부드러운 빗방울이
하모니를 이루며
무르익은 노년을 노래한다

갈대 하나

그렇게 흔들지 말아요
그렇듯 화내지 말아요

그대의 미묘한 살랑거림은
달빛의 그림자도 울고 간답니다

가을 갈대 속에 홀로 우는 귀뚜라미 소리에도
처량하다고 훌쩍이지 마세요

단지,
흔들리는 바람에
그냥,
희멀건 몸을 맡길 수는 없는지요

그대 곁에는
차가운 머리도
저무는 슬픈 가슴도 껴안아 줄 수 있는
함께할 든든한 뿌리가 늘 곁에 있으니까요

갈대 하나의 삶의 노래는 계속되는데

은빛 갈대

힘겨운 가을 공기에
휘갈린 갈대
싸늘한 바람에 몸을 움츠리고

옷깃을 여민 뒷모습 사이에
황혼의 연기는 피워 오르고
꽃을 대신한
퇴색한 은빛 머리가 휘날린다

곧
겨울이 오는 걸
감내해야 하는데

저물어 가는 들판
곧게 박은 뿌리가
불어오는 바람에 흔들릴까
곧은 허리를 꼿꼿이 펴 보는 은빛 갈대

다시 부는 바람에
중심을 잡아가며
차가운 공기는 뒤로 한 채

갈대피리를 입에 물고 멋진 연주를 시작한다

* 양재천에 휘날리는 갈대를 보고 초로의 남성을(퇴직 전 가장) 이미지화

나뭇가지

간밤에 바람이 심술을 부렸나
대자로 누워 있는
쓸모없이 내쳐진 가지
발부리에 치인다

부러진 가지가 아플까
살짝 비켜 간다

더운 바람에
무성한 잎을 나리고
찬바람에
가지를 떨구는데
버려진 가지에 미련없는 나무

매운바람이 가지를 흩어 놓는다

가을풍경

유리알처럼 투명한
가을 하늘 아래

홍조 띤 감나무는
벌건 옷을 열고

빨갛게 익어가는 고추 속
고추잠자리
꼬리를 감추네

늦게 핀 잎에 애태우던
대추열매도, 살짝
붉은 고개를 내민 사이에

빨간 단풍 한 잎
살랑살랑 춤추며
하늘 옹달샘에 내려앉는다

풍요로운 이 가을에

쌀알이 흩어질까
살살 부는 가을 바람결에도
황금 벼는 고개를 숙이고

논둑 위에 누런 콩도
가끔 부는 가을 바람결에
콩알이 떨어질까 콩대를 숙이네

들깨가 매달린 들깨낭이
살며시 부는 바람에
낱알이 떨어질까 노심초사하건만

생각없이 내뱉은 상처 언어들
풍요로운 이 가을에
무엇을 거두어들일 수 있을까

구멍 난 단풍

휭휭 바람이 부는 길가 모서리
웅크리고 앉아 있는
구멍 난 단풍

단풍철이 되어
뽐내려던 자태
벌레에게 뺏긴 구멍
후회하고 감추어 보지만

지나가는 바람이
들추어내며
연둣빛 입술을 연다

예쁘고 미운들
낙엽은 어차피 떨어지는 것
잘게 부수어져서
쓸모있는 거름이 되면
뿌듯해질거라며

3

보석 둘을 가슴에 지닌
할미새가 되어 허리통증도 잊은 날개로
파란 하늘을 품어 본다

작은 마음

무릎에 상처가 생긴 손녀
어린이집 친구,
선생님이 자신을 걱정할까
울지 않고
잠시 기다렸다는데
다른 사람을 배려하는
손녀의 작은 마음이
어느새 훌쩍 커 버린
커다란 눈망울 아래
작고 좁쌀 같은 내 마음
숨을 곳을 찾는다

보석 할미

함니, 언니가 글쎄
할머니 동생이 말이야
서로 자기편이라 여기는 할머니

앙증스러운 다툼, 종알거림이
장난감 사러 갈까로
좋은 먹이를 찾은 듯 잠잠해진다

또다시 울리는 전화벨
장난감보다 할머니 얼굴이 더 보고 싶다는
귓가에 들리는 정겨운 속삭임에

보석 둘을 가슴에 지닌
할미새가 되어 허리통증도 잊은 날개로
파란 하늘을 품어 본다

해바라기

할머니 왔다는 소리에
단숨에 달려와 품에 안기고

갈 때는 아쉬운지
할머니 핸드폰을 숨기고
함께할 시간을 버는 손녀

가는 할미 치맛자락을 잡는
언제 또 올거냐며
새끼손가락을 걸고
엄지손가락도 거는데

촉촉이 젖는
만남과 기다림
노오란 해바라기 속 씨 되어
차곡차곡
영글어 간다

시집 탄생을 위하여

화요일은 아가들 보러 가는 날
아니
정확히 손주들과 놀이하러 가는 날

무슨 놀이를 할까?
숨바꼭질, 무궁화 꽃이 피었습니다?
아니?
할머니가 시집 낼 때 도와주려고
동시 쓰거나 그리기 놀이를 하잔다

시집 탄생을 위해 끙끙거리는 내 맘이
손주들에게 고스란히 전해졌나

앙증스런 작은 말 한마디에
저녁 먹는 내내
미소 짓는 근육이 실룩 실룩거린다

할아버지
할머니
사랑해요

할머니할아버지께

할머니할아버지 안녕하세

요? 저는 재경이에요

할머니가 자꾸 까이사셔서

정말 좋아요

저희 집에 자주

놀러오세요.

재경올림

제목 강아지

조재경

기억은 어디어디 숨었을까
가구 뒤에 숨었을까.
아니
강아지 뒤에 숨었지.

봄나비

조재경

노랑 나비가 노래를 부르면
팔랑팔랑 흔들흔들 봄이 오겠지.

윤서네 가족

작은 손녀 조윤서 〈얼굴〉

본능에 충실하다

간식 먹는 꿈을 꾸나?
팔다리를 쭉 펴고 입맛을 다신다

어디선가 들리는 인기척 소리에
꿈이 흩어졌는지

왕왕왕
짖는다

먹는 것에 충실한 것인지
주인에 충실한 것인지

몰라도 된다

다만 낯선 것들에 반응을 보여
자기 밥값은 한다는 것이다
강아지들은

보다 못한 인생

꼬불꼬불한 갈색 털에도
꼬이지 않은 성격
날씬한 긴 다리에도
뽐내지 않는 외모
영리한 머리에도
자만하지 않는 겸손함
넘치는 애교로
분위기를 즐겁게 하는 강아지

둥글둥글한 인상을 지녔어도
이기적이고
외모지상주의
우월감에
교만하고
분위기를 해치는
자신의 편리함만 추구하는 사람들

그들은 개만도 못하다 하더이다

반려견 아지

평생 주인만을 바라보는
커다란 눈망울 속 천진한 짝사랑꾼

늘 반갑게 맞이하며 꼬리 흔드는 모습에
하루의 피로를 날려 주는 귀염둥이

묵묵히 내 손을 핥으며 괴롭고 힘든 일에
마음의 정화수였던 든든한 지원군

내 반쪽 친구가 아픔을 혼자 이겨내려는 듯
제집에서 사투를 벌이는 이 시간

함께 아픔을 할 수 없음에
어둠을 비추는 별을 내 손에 담아 본다

반려견 푸들 아지

4

마주한 채로
아웅거리며 다투는 시간에
산천초목의 한가로운 여유도 누리고
둥둥 떠다니는 하트섬도 많이 볼 수 있을 터인데

시간의 빗장

산사 위에 갓 핀 연분홍 진달래
어쭙잖은 고개를 내밀고

바람결 따라 내리는 꽃비와
향긋한 꽃내음이
시간의 빗장 근처에서 서성거리건만

다람쥐 쳇바퀴 도는 인생
괜스레 시간의 빗장을 풀지 못한 채
숨만 헐떡거리고

시간의 빗장을 풀지 못한 고단한 어미새
길게 한숨만 내쉰다

궁금하다

반짝거리는 작은 씨앗들이
사르르링 내려앉는다

부드러운 향을 지닌 모카
순수한 향을 내뿜는 아메리카노
열정적인 진한 향을 쏟아내는 에스프레소

물끄러미
돌아가는 커피 머신을 바라본다

엷은 실루엣 사이에
펼쳐지는 은은한 조명을 받으며
조용히 앉아 있는 잔

어떤 마음속 씨앗이 내려앉을까
어떤 향기로 세상을 피워 낼까

잡초의 변

성난 바람에 흩어진 머리, 다시 가지런히 빗고
밉다며 밟아도 몸을 다시 추스르고
덥다고 날아드는 벌과 나비에게
그늘 자리를 만들어 주었는데

빠른 성장과 커진 키로 주작물에 해가 된다며
매정하게 내몰리는 사람들의 역습에
가는 한숨을 토해낸다

몸과 마음도 비우면서 웅크렸던 시간
불안 속에 산 인생이지만
때론 쓸모도 있었으니
햇볕 위에서 자신의 몸을 기꺼이 태우며

흙 속에서 또 다른 생명들의 탄생을 위해
영양체로서 도움이 될 자신을 그려 본다

나눔 나비

하얀 들꽃 위 나비 한 마리
물결바람 되어 나아가니

우수수 떨어지는 하얀 날 알들
물구름 위 하얀 물결 이룬다

사랑을 담아내는 하얀 물결 속 나비
나눔의 눈동자로 여명을 가르니

베풂과 나눔의 새벽 종소리 울려 퍼진다

—때문일까?

하품을 하면서
달빛의 그림자도 같이 밟았던
푸르른 추억 속
사라지는
닫힌 마음의 친구
찬바람 모진 바람 때문일까
불러 보는 이름 석 자가
길가에 뒹구는 종이컵처럼

찢어지고 사라져 간다

마주한 채로

이해의 강을 건너려는데
사공 둘이 서로 노를 젓겠단다
사공이 둘이 되니
배는 오해산으로 가겠지
서로 양보하는 마음이 생기면
마주한 채로
아웅거리며 다투는 시간에
산천초목의 한가로운 여유도 누리고
둥둥 떠다니는 하트섬도 많이 볼 수 있을 터인데

오해에서 ㅗ를 ㅣ로 바꾸는 건
컴퓨터 자판에서는 쉬운데
인간사에서는 왜 이리 힘들꼬?

정든 14통장을 마치며

마을 어귀에 핀 어여쁜 꽃들이
뽀시시 고개를 들어 올리니

그윽한 봉사 향기가 마을에 퍼져
나비와 벌들도 이리저리 기웃거리며
부지런히 열매를 만들어 간다네

세상을 이롭게 하려는
통장들의 정의 꽃들이 이렇듯
풍요로움을 기리고 있는데

따스한 햇살을 받던
통장꽃 하나는 꽃잎을 접은 채
슬며시 떠나간다네

즐거웠던 꽃무리속 추억을 간직한 채

살짝쿵

포삽을 한 스마트폰 밴드 속 내 사진
두둥실 착각의 강을 건넌다

참 속에 살짝 거짓을 입혔는데
기쁨 지수는 두둥실
행복 지수는 두리둥실

거짓 속에 나타날 참모습
등줄기의 땀이 몽글몽글
그것도 잠시
예쁘다는 칭찬 댓글이 올라오자
식은 땀도 미소로 번질번질

참 속에 거짓도
혀 밑에 실살 녹는 사탕발림에
살찍쿵
포장된 나만의 행복을 갖는다

염원샘

활짝 핀 연꽃잎 사이
골따라 염원 샘이 흐르네

청량한 잎사귀 한가운데
염원샘을 툭 쳐 보니

알알이 흩어져
반짝이는 보석 되어

몽글몽글 맺어진 염원
합장하는 손 사이로

가족 축원을 담은
연잎 위 물방울에

미륵부처님 가피가
몽글몽글 피어난다

생각의 차이였을 뿐

갈라진 틈사이
축 처진 바윗돌

밀려오는 따가운 파도
떠밀려 벗겨지는 살갗들

단단한 바위라도
부서지기를 여러 차례

모래알 되어 누워보니
흘러가는 은하수가 보인다

영원토록 못 볼 것 같던
잊혀져 갈 것만 같던
바윗돌 부스러기

모래알 되어
넓은 바다를 품에 안는다

빗방울 소리에

가녀린 바람 소리에
아래로 흩어지는 빗줄기

한때는
오색 찬란한 빗방울되어
천년만년 함께할 수 있으리란 오만이

약한 흔들림에 흩어져 내리니
그제야
바람도 막을 수 있는 강한 사랑만이
방패막이 될 수 있었음에

회한의 눈물 되어
찢겨 흩어져 버린다

제초

뜨겁게 대지를 달구었던 폭염
내리는 비에 기세가 꺾여 가는데
촉촉이 내리던 비가
대지를 적시고 나면
곧 생길 무성한 잡초들

뽑지 아니하면
수확의 기쁨도 줄어들 듯이

부정적 생각의 잡초
과감히 뽑아 버린다면
이번 가을에
알차고 풍성한
마음의 수확을 바랄 수 있겠지

벌침

헉
따가워
순식간에 부어오른 손

무서운 기세로 뻗는 환삼덩굴을 치우다
벌집을 건드린 죄로
벌침을 맞다

더부살이 덩굴이 본분을 잊고 날뛰어
화가 솟구쳐 마구 제거하다가
환삼덩굴 아래 숨죽여
가만 있는 벌집을 건드렸으니

참지 못한 인내
살펴보지 못한 벌집

쏘인 부위에
날 세운 벌침을 뽑고
냉찜질로 부어오른 손을 달랜다

착각

시기와 질투
배신과 분노
이기심과 아집
머리에 올라타
각자
자신들이 가장 예쁘단다

머리 위에 앉은 새 한 마리
참다 못해
한마디 한다

니들 다
오십보백보여
쓰잘 디 없기는

그대로

헛돌아가는 바퀴 속에
작은 나비 한 마리
날개를 접는다
오색 등불이 돌아가는 길을
비추는데
날개를 펴지 못한다
탈바꿈을 위한
긴 번데기 시절에도
한 방울도 없던 눈물이
헛도는 바퀴 속에서는
뚝뚝
눈물만 흘릴 뿐
넓은 세상은 나비를 부르지만
떠날 수 없는 헛바퀴에
헛발길질만 한다

말 한마디

삶의 징검다리
총총 뛰다가
잘못 디딜 때
건너는 한마디

괜찮니?

Don't worry be happy!

어두운 산속에서도
메아리 되어 오는
따뜻한 말 한마디

환지본처

뭉게구름이 뭉실뭉실
가을 연기를 피우는 산 중턱에
v자를 그리며 겨울을 지내기 위해 오는
한 무리 철새
먼 거리에 지친 기색도 없이
그들만의 소리를 내며 정겹게
하늘을 수 놓는다

기나긴 연휴 끝
귀성차량들로 북적이는 도로
고향을 찾아, 연휴를 즐기기 위해
자기 집을 벗어 났던 우리들
꽉 막힌 도로에 짜증만 증폭시키는데
새보다 머리가 크기 때문일까
고단함에 하품만 한다

자기 자리를 찾아 제 역할을 하기 위해
고단함도 잊고 겨울을 나기 위해 오는 새처럼
본래의 자리를 깨닫고 제 역할을 다하기 위하여
원래 있던 곳으로 돌아가서
주어진 각자의 역할을

충실히 해야지

이제는

그렇게

울긋불긋 한 옷을 두르고, 단풍들은
그렇게 왔다

도도하고 농염한 자태로
손을 뻗을 수 없을 만큼

가을 햇살도 단풍들이 내뿜는 눈부심에
때때로
얇은 커튼을 드리운다

그렇게
온 세상을 제 것인 양 뽐내지만
계절이 머물 수는 없는 것

근심 어린 바람 한 자락
안타까운 바람피리를 불어 댄다

애달픈 음색에
떨구어져 가는 접힌 고개들, 단풍들은
그렇게 갔다

낙엽 속에서 앨범을 펼치다

붉은 저녁놀이 든 어느 가을날
인생의 앨범을 낙엽 위에 펼친다

가을의 석양이 하늘 위 구름도,
떨어진 낙엽조차도 붉게 물들일 때

제목이 없는 첫 장을 연다

행복함, 편안함, 활짝 핀 미소 뒤에
얼핏 보이는 우울, 찡그림, 고독이
인생 열차를 타고 가듯이
빠르게 훑어 내려간다

몇 장 남은 여백의 주인을 찾아본다

인생이란 흐르는 시간의 여백 속에서
이제는 앞만 보고 달리는 그림보다
반짝이는 여유를 지닌 사진이
자리를 차지해야 하는데

우수수 떨어지는 낙엽들이
석양빛에 반사되어 앨범을 붉게 물들인다

5

거북이처럼 느리더라도
열심히 미래를 향해 가다 보면
목표에 도달한다는 이야기

벌침 세운 벌

날개의 부딪힘이 거세진다
윙윙윙

꽃밭에 있어야 할 말벌이
유일한 무기인 벌침만 믿고
집안 여기저기를 기웃거리며
소란을 피운다

방향감각을 잃었나?
부산스럽게 창문을 열어 좇아 보지만
벌침 세운 벌은 어긋난 날갯짓만 한다

이중 창문 사이에 갇힌 벌
있어도 있음만 못한 벌침

파리지옥

똥파리 한 마리

더듬이로 나쁜 글귀를 더듬고

다리로는 악취 풍기는 악플 위에 서고

날개로는 무개념 악성 댓글을 싣고 날아다니네

탁한 공기와 냄새로 역겨운 이곳

지나갈 수밖에 없는 애끓는 사람들

무개념 파리를 잡아 먹는
파리지옥은 언제나 오려나

* 파리지옥 : 유인 냄새로 파리, 나비 등 곤충을 잡아먹는 여러해살이 풀

독화살

무심코 던진 독화살

함부로 쏘지 말아야 함을
일찍부터 알고 있으련만

급하다고
분별없이 집어 둔
독화살

찢긴 상처보다
독이 퍼지는 아픔에 운다

느림의 여유

드론, 증강현실, 로봇 등이
미래를 대체한다는 이야기에
놀란 달팽이

느린 촉수로
앞서가는 미래를 좇아 가려는데
문득
떠오르는
거북이와 토끼경주

거북이처럼 느리더라도
열심히 미래를 향해 가다 보면
목표에 도달한다는 이야기

누가 더 행복했을까란 의문을
달팽이 껍질 속에 넣어두고

느린 촉수라도
느림의 여유를 즐긴다

출렁이는 파도에게 묻노니

너울성 파도여
하마 같은 큰 입에

무수한 악플과 거짓 댓글을
휩쓸어 가려무나
맛이 없다고 뱉지 말고

괜스레
선플과 칭찬 댓글을 낚는 누리꾼들을
먹어 치우지 말고

어둠을 지키는 파수꾼처럼
하얀 거품 속 검붉은 때만 내뱉거라

불륜 단풍

밤새 사랑 열기로
가득한
새빨간 정염의 단풍

아랑곳 않는 남의 아픔
정의로운 해님이
불륜현장을 비춘다

뒹굴고 엉켜진 나신
보여짐이 부끄러운지
더욱 새빨개진 단풍

누구에겐 로맨스고
누구에겐 불륜인 현장

해님이 사자갈귀로 변하지 않는 한
사랑은 영원하다
그렇게
불륜 단풍들은 이야기하겠지

민낯

이웃집 창문 앞에 실외기 설치하기
옆집으로 무너져 가는 담장 방치하기
이웃 주차장에 자기 차량 넣기
이웃집 앞에 자기네 쓰레기 무단 투기
옆집 마당에 강아지 배변 안 치우고 가기
이웃집 화단에 핀 꽃 뽑기
이웃 하수구에 자기가 피던 담배 꽁초 넣기
늦은 밤 술 먹고 고성방가하기

정작
본인은 안 그런 척 고상한 사람인 척하고
자기만의 이익, 편리만을 생각하는
민낯은 언제 사라질까

하얀 숨

서리가 내린 들판 위에
계절을 잃은
축 처진 할미 씀바귀,
한 줌 비춘 아침 햇살에
기지개를 쭉 켜 본다

추위 속에서도
생명의 성장을 위해
움츠렸던 시간에서도
훨훨 나는 새가 어찌나 부럽던지

이제,
지는 해의 입맞춤에
쓰디쓴 하얀 숨을 토해 내며
열정 어린 시를 감싸 안으며
꿈을 위한 희망에 조심스러운 첫발을 디딘다

서리 내린 화관을 쓰고서

새치머리

검은 무리 속에서
틔지 않으려고 꼭꼭 숨은

존재의 미약함

보듬어 주려 해도
짧은 시적 창작은
풍선 속 상상 헬륨만 가득 차고

그래도
불쑥 튀어 싹을 틔워 보려
애쓰는

머릿속 새치머리

종이를 가지고 노는 작품 앞에서 한 컷 재경이와 윤서

■해설

눈을 감고 보는 시, 귀를 닫고 듣는 음악

– 임영남의 시세계

황현중(평론가)

'눈을 감아야 보이는 시'가 있다. '귀를 닫아야 들리는 음악'이 있다. 임영남의 시가 그랬다. 시는 본래 가시적可視的인 대상을 비가시적非可視的으로 치환한 결과물이고, 시각視覺과 청각聽覺에 전적으로 의지하는 것이 아니라, 온몸으로 접한 세계의 기운을 공감각적共感覺的으로 전달하는 행위라고 정의한다면, 이 말은 단순히 비틀거나 역설을 통해 설득하려는 시도가 아니다. 시는 소설 등 다른 장르와는 달리 이야기로 말하지 않는다. 그러니까 시는 눈으로 무엇을 보지만 보는 것만을 전달하지 않으며, 귀로 무엇을 듣지만 듣는 것만을 전달하지도 않는다. 시는 이야기가 아니라 이미지와 운율을 통해 그 모습을 드러내기 때문이다. 시가 어려운 이유가 여기에 있다. 그림에 가까운 이미지를, 음악의 기본 자질에 속하는 운율을 언어로 포획하는 정밀하고 감각적인 과정을 거쳐야 비로소 한 편의 시가 탄생한다. 그래서 우리는 상징과 비유, 심한 과장과 날카로운 대조, 예외적인 갈등과 격정적인 언어를 동원한다. 때로는 그것에 능수능란한 사람이 훌륭한 시인 것처럼 여겨지기도 한다. 그래서 어떤 시인은 "모든 시간이 자기의 야심을 증명하는 순간이 되도록 힘써라."라고 충고했다고 하니, 시인의 길은 떨어지는 낙엽이나 바라보며 울적한 마음을 달래려고 술잔에 기대는 한가한 서생書生이 되어서는 결코 안 된다는 말이다. 시인은 평화로운 초원 위에서 양 떼를 지키는 목동이 아니라, 사막 같은 백지 위에서 모래폭풍과 싸우며 길 없는 길 위에 핏빛 언어를 새기는 낙타의 무거운 발걸음이 되어야 한다.

결국 이 말은 시를 사랑하라는 정도의 권고가 아니라, '시 자체의 삶'을 살라는 말이다. 더 쉽게 표현한다면 '삶 자체가 시'가 되어야 한다는 뜻이다. 우리는 습관적으로 삶을 전쟁터에 비유한다. 시인도 한 사람의 인간이기에 전쟁 같은 삶에서 벗어날 수 없다. 첫새벽부터 늦은 저녁까지 이어지는 우리네 아버지의 노동이 세 끼의 밥과 집과 옷을 만들어 내듯이, 시인도 시인의 치열한 삶 속에서 세 끼의 밥과 집과 옷에 비견할 만한 생명과 사랑이 깃든 시적 가치를 창조해야 한다. 그러나 여기에서 우리가 착각하지 말아야 할 한 가지가 있다. 그 어떤 고귀하고 독특한 시적 표현도 삶에 우선할 만큼의 가치를 갖지 못한다는 사실이다. '인생은 짧고 예술은 길다'는 말은 사람이 죽은 후에도 그 사람이 불렀던 노래가 여전히 살아있다는 말이지, 삶보다 노래가 더 중요하다는 말이 아니다. 말 잘하는 어떤 사람을 누군가 시샘을 했다고 한다. 그러자 그 사람이 말하기를, 나는 내 말의 설득력을 높이기 위해 지난 수십 년 동안을 함부로 살지 않았노라고 대답했다고 한다. 이처럼 시는 입에서 쏟아내는 모든 언어가 숭고해 보일 만큼 설득력이 있는 삶을 살라는 말로 해석되어야 옳다. 제대로 된 시를 원하거든 제대로 된 삶을 살아야 한다. 그것이 참 시인의 길이다.

임영남의 시에는 제대로 된 삶이 있다. 시 이전의 충일한 삶이 눈이 아니라, 귀가 아니라 온몸에 밀물져 온다. 공감각적이다. 그의 시를 읽을 때 눈을 감고 귀를 닫아야 하는 이유는 삶은 눈으로 확인하는 실체로서의 무엇이 아니고, 귀로 듣는 오페라의 장엄한 선율도 아니라는 데 본능적으로 공감하기 때문이다. 느끼지 않으면 다가오지 않는 임영남의 시 앞에서 우리는 우리도 모르는 사이 눈을 감고 귀를 닫는다.

울긋불긋한 옷을 두르고, 단풍들은
그렇게 왔다

도도하고 농염한 자태로
손을 뻗을 수 없을 만큼

가을 햇살도 단풍들이 내뿜는 눈부심에
때때로
얇은 커튼을 드리운다

그렇게
온 세상을 제 것인 양 뽐내지만
계절이 머물 수 없다는 것

근심 어린 바람 한 자락
안타까운 바람피리를 불어댄다

애달픈 음색에
떨구어져 가는 접힌 고개들, 단풍들은
그렇게 갔다

–「그렇게」 전문

무엇이 보이는가? 울긋불긋한 단풍이 보인다면 당신은 눈을 감아야 한다. 무엇이 들리는가? 바람 소리가 들린다면 당신은 또 귀를 닫아야 한다. 눈을 감고 귀를 닫으면 당신의 고요한 심연 위로 한 폭의 삶이 떠오를 것이다. 우리는 모두 "그렇게 왔다" "그렇게 간(갔)다". 우리는 한때 단풍처럼 "도도하고 농염한 자태"로 "온 세상을 제 것인 양 뽐내"며 살지만, "계절이 머물 수 없"는 것처럼 "안타까운 바람피리" 소리를 가슴에 안고 "그렇게 갈(갔)" 수밖에 없는 존재다. 우리는 모두 이 가을 "떨구어져 가는 접힌 고개들"이다. 당신은 지금

애잔한 이 한 폭의 삶 속에 눈물을 섞지 않을 수 없다. 그것이 우리 모두의 인생이라는 것을 눈물겹게 공감하기 때문이다.

"바람피리"는 이 시집 전체를 관통하는 핵심어이자 시집 제목이기도 하다. 사전에 "바람피리"라는 단어는 없다. '바람'과 '피리'를 조합한 신조어新措語다. '바람'은 무형의 무엇이며 무색무취無色無臭하다. 그러나 '바람'은 대상이 되는 모든 것에 작용하여 영향을 미친다. 폭풍이나 태풍으로 다가와 우리의 삶을 파괴하는가 하면, 훈풍과 산들바람이 되어 우리에게 따뜻함과 시원함을 선사하기도 한다. 이처럼 '바람'은 우리의 눈에 보이지 않지만 우리의 존재를 뒤흔드는 운명적인 무엇이다.

그래서 "바람피리"를 말할 때 '바람'은 '피리'를 수식하지 않는다. 오히려 '피리'를 지배하고 좌우하는 언어가 바로 '바람'이며, '피리'는 운명적으로 '바람'에 종속된다. '바람'을 불어넣지 않으면 '피리'는 소리를 내지 못한다. 소리를 내지 못하는 '피리'는 '피리'로서의 가치를 상실한다. '바람'의 종류와 세기에 따라 '피리'의 음색도 달라진다. 맑고 청아한 가락을 내기도 하고 우울하고 애잔한 음악을 연주하기도 한다. 결코 '피리'는 '바람'을 떠나 존재할 수 없고, '바람'의 의도를 거스를 수도 없다.

우리의 인생도 마찬가지다. '바람'에 얹혀사는 '피리'와 같은 존재가 바로 우리의 삶이다. 우리는 때로 빛나는 삶을 위해 부와 명예를 소망하고 온갖 탐욕에 빠지지만, '바람'이라는 운명적 영향에서 벗어날 수 없다. '바람'은 우리의 인생을 지배하는 초월적 존재이기 때문이다. 따라서 우리는 나의 인생을 지배하는 초월적 존재를 인정하고 거기에 순응하는 삶만이 우리가 우리의 삶 앞에서 할 수 있는 최선의 지혜임을 자각해야 한다.

임영남의 시편은 그것을 아주 잘, 효과적으로 보여주고 있다. 초월적 존재에 대한 순응은 물론, 삶 안에서 필연코 겪을 수밖에 없는 고난과 역경을 헤쳐 나가는 지혜가 돋보인다. 운명을 고스란히 끌어안고 부대끼며 살지만, 결코 좌절하지 않는 성숙하고 설득력 있는 삶을 통해 독자들을 위로하고 공감의 장으로 이끄는 힘이 넘친다.

붉은 저녁놀이 든 어느 가을날
인생의 앨범을 낙엽 위에 펼친다

가을의 석양이 하늘 위 구름도,
떨어진 낙엽조차도 붉게 물들일 때

제목이 없는 첫 장을 연다

행복함, 편안함, 활짝 핀 미소 뒤에
얼핏 보이는 우울, 찡그림, 고독이
인생 열차를 타고 가듯이
빠르게 훑어 내려간다

몇 장 남은 여백의 주인을 찾아본다

여생이란 흐르는 시간의 여백 속에서
이제는 앞만 보고 달리는 그림보다
반짝이는 여유를 지닌 사진이
자리를 차지해야 하는데

우수수 떨어지는 낙엽들이
석양빛에 반사되어 앨범을 붉게 물들인다
–「낙엽 속에서 앨범을 펼치다」 전문

"붉은 저녁놀이 든 어느 가을날/ 인생의 앨범을 낙엽 위에 펼친다"는 시문은 언어로써만 이해할 수 없다. 문장 안쪽의 벽에는 한 폭의 그림이 걸려 있다. 그림 없는 이 그림을 볼 수 있는 방법은 눈을 감는 것뿐이다. 조용히 눈을 감고 "인생의 앨범을 낙엽 위에 펼"치지 않고서는 이 시를 느낄 수 없다. 시인조차도 지금 눈을 감고 "인생 열차"를 타고 애잔하고 스산한 삶의 여적을 거슬러 올라가고 있다. 앨범 속 한 장 또 한 장의 사진에는 희망과 절망, 고통과 슬픔의 얼룩이 고스란히 남아서 웃는 듯 울고 있다. 시인은 그동안 부대끼며 살아온 삶의 흔적 앞에 눈물 젖은 시선을 놓으며 독자들에게 따뜻한 위로의 손을 내밀고 있다. 얼마나 아팠느냐고……. 그리고 시인은 "몇 장 남은 여백의 주인"은 "앞만 보고 달리는" '과거의 나'가 아니라, 순응하는 삶 속에서 "반짝이는 여유를 지닌" 보다 성숙하고 지혜로운 '미래의 나'가 되기를 자신과 독자들을 향해 간절히 기도하고 있다.

사족 같지만 필자가 자주 사용하는 '순응順應'이라는 용어에 대해 오해 없기를 바라는 마음에서 간단히 언급하고 넘어간다. '순응'의 사전적 의미는 '환경이나 변화에 적응하여 익숙하여지거나 체계, 명령 따위에 적응하여 따름'이라고 해석하고 있다. 이 해석은 자칫 무사안일無事安逸이나 이곳저곳을 기웃거리며 눈치를 살피는 기회주의자機會主義者의 행위를 옹호하는 것처럼 보이기 쉽다. 하지만 '순응'해야 할 범주에는 명확한 경계선이 있다. 올바르지 않은 환경이나 변화에 적응하라는 것이 아니며, 올바르지 않은 체계나 명령에 따르는 행위는 '순응'의 범주에 속하지 않는다는 것을 분명히 밝혀두고 싶다. 따라서 사회적 폐단이나 부조리에 저항하지 않는 지성은 '순응'의 범주에 속하지 않는다. 임영남의 「질경이의 생명력」은 부조리에 저항하는 지성의 면모를 잘 보여주는 명편名篇이다.

심한 황색 빛 가뭄과 불 같은 뙤약볕에도
죽지 않는, 질경이
이 약초가 자라는 곳에도
잘 짜인 스펙 융단 위에
금수저 자수를 놓아야
취업 천국이 가까워진단다

점점 쪼그라들고 허기져 가는
인생의 졸업장, 그 젊은 졸업장
빈약한 가슴에 품고 독기 가득한 다리로

이곳저곳 기웃거리는 21세기, 고독한 식물
비록 영양체를 많이 가지고 있어도
취업의 문은 좁고 비좁은 세상이구나

아들내미 힘없는 모습이
내동댕이쳐진 나약한 몸 같은데
그 식물처럼 내동댕이치고 밟혀도
어머니가 사 주신
멋진 새 양복을 입고, 다시
거리를 나서는 수많은 아들들

밟혀도 꿋꿋이 털고 일어나는 오뚝이
졸업은 끝이 아니고 또 다른 시작이니
이겨내라는 듯이 움틀거리며 속삭인다
푸른 질경이는
메마른 흉년에도 절대 죽지 않는다며

–「질경이의 생명력」 전문

경쟁과 효율에 매몰된 자본주의의 폐단이 취업의 현장에서도 적나라하다. 부와 학벌을 대물림받는 혜택을 누리며 "잘 짜여진 스펙 융단 위에 금수저 자수를 놓"은 자만이 살아남을 수 있는 부조리한 환경 속에서는 "질경이" 같은 하찮은 민초들에게 취업의 문은 열리지 않는다. 그들이 아무리 "젊은 졸업장"을 "빈약한 가슴에 품고 독기 가득한 다리로/ 이곳저곳을 기웃거"려도 쉽사리 취업의 기회를 포착할 수 없다. 하지만 시인은 이 같은 부조리한 현실에서 왜곡된 '순응'을 핑계 삼아 물러서지 않는다. 날카로운 지성과 강건한 의지로 "푸른 질경이는/ 메마른 흉년에도 절대 죽지 않는다며" 잘못된 현실에 온몸으로 저항하고 있다.

지금까지 임영남 시인의 첫 번째 시집 『바람피리』에 상재된 주요 작품을 간략하게나마 살펴보았다. 우리는 그의 시를 통해, 시는 단순히 글을 쓰고 읽는 행위가 아니라는 사실에 새삼 주목하게 되었다. "눈을 감고 보는 시, 귀를 닫고 듣는 음악"으로서의 시의 전범典範을 실감 나게 확인했다. 더불어 시는 우리의 인생을 지배하는 초월적 존재에 '순응'(왜곡되지 않은)하면서 보다 성숙하고 지혜로운 자세로, 그러나 한편으로는 사회적 부조리의 뒤편에 숨지 않는 저항하는 지성을 실천하는 지렛대가 되어야 한다는 데 절실하게 공감하지 않을 수 없게 되었다.

각고의 세월 속에서 거친 '바람'을 인내하며 아름다운 한 편의 '피리' 소리를 연주한 그의 삶에 박수를 보내며 많이 부족하지만 해설의 글을 매듭짓고자 한다.

그림과책 시선 170

바람피리

초판 1쇄 발행일 _ 2017년 12월 8일

지은이 _ 임영남
펴낸이 _ 손근호

펴낸곳 _ 도서출판 그림과책
출판등록 2003년 5월 12일 제300-2003-87호

110-814 서울 종로구 통일로 272, 210호(무악동, 송암빌딩)
[무악동 63-4 도서출판 그림과책]
전화 (02)720-9875, 2987 _ 팩스 (02)720-4389
도서출판 그림과책 homepage _ www.sisamundan.co.kr
후원 _ 월간 시사문단(www.sisamundan.co.kr)
E-mail _ munhak@sisamundan.co.kr

ISBN 978-89-94753-68-3(03810)

값 10,000원

이 도서의 국립중앙도서관 출판예정도서목록(CIP)은 서지정보유통지원시스템 홈페이지(http://seoji.nl.go.kr)와 국가자료공동목록시스템(http://www.nl.go.kr/kolisnet)에서 이용하실 수 있습니다.(CIP제어번호 : CIP2017031635)